staub La Cocotte de GOHAN

ストウブ「ごはんココット」レシピ

若山曜子

はじめに

我が家には、全く同じ鍋がふたつあります。16cmの黒のストウブ鍋です。
電子レンジも炊飯器もない留学時代、お米を炊くのはストウブでした。
1合半がちょうど炊けるこのお鍋で、ごはんが残ったらおむすびにしたり、
おこげがこびりついた鍋に、冷蔵庫に転がっていたパンチェッタや野菜を入れて、
コトコトとお雑炊に…。いつも最後までおいしく食べていました。

ふたり暮らしになってから、もうひとつを購入。
ひとつはごはんをきっちり一食分、もうひとつは、煮物系の副菜やスープにもぴったり。
黒がびしっと映えるその姿は、お皿代わりに食卓にそのまま置いても様になります。
コンロの脇にいつも出しっぱなしにしていることもあり、
ついつい手に取ってしまう。やっぱり我が家にはふたつ必要なのです。

今回、ご紹介いただいたごはん用のストウブ。
Sサイズはころんと小さく、かわいらしいのに、意外に容量もあり、
ごはんだけでなく、きんぴら、佃煮といった少量ほしい常備菜を作るときにも重宝します。
ゆっくり火が入るので、水分が飛び過ぎず、
焦げつかず、きれいにやさしい味に仕上がります。
Mサイズは、思いのほか、深さがあって大きく、16cmではまかないきれなかった
具材たっぷりの炊き込みごはん、野菜がごろごろしたスープなどにぴったり。
どちらもカラーが豊富なので、次に買うならあれ？
あの人のキッチンにはこれ？と、見るだけでうきうきしてきます。

最近、ごはんを毎日炊く人が減ってきていると聞きますし、私も毎食、
ごはんというわけではありません。でも、だからこそ、炊きたてごはんの味は格別です。
ストウブをコンロに置き、火をつけてから20分。
食卓にそのまま持っていって、ふたをあけたら湯気の中から
つやつやピカピカのごはん。

今日の主役は、ごはん。あなたは何から炊きますか？

若山曜子

「ラ・ココット de GOHAN」って どんなお鍋?

本書で使用している、ごはんココット。
少ない量でもおいしく炊けますが、実際にどんなお鍋なのでしょうか?
その特徴とバリエーションをご紹介します。

M サイズ

2合用／直径16cm

2〜4人用にぴったりのサイズ。
煮込み料理やパスタにも最適です。

S サイズ

1合用／直径12cm

1〜2人用にぴったりのサイズ。
ジャムや常備菜作りにも重宝します。

POINT.1
羽釜のような丸い形

通常のストウブに比べて、底が丸くなっています。羽釜の形からヒントを得て作られました。鍋の中でお米が躍るように対流するので、ごはんがふっくら炊きあがります。また、煮込み料理やジャムなども少ない水分で作ることができます。

POINT.2
ふた裏には「システラ」を採用

炊飯のときに発生する水滴が、システラを伝って垂直に落ちます。お米にまんべんなく降り注ぐので、水分をたっぷり含んだおいしい炊きあがりに。うまみも凝縮されるので、お米のおいしさを存分に引き出します。

Chapter 1
簡単混ぜごはん、リゾット、おかゆ

P14
そぼろのアジアン混ぜごはん

P14
サーモンとレモンのライスサラダ

P15
クレソンとスパイスナッツの混ぜごはん

P15
しらすとルッコラの混ぜごはん

P18
鯛のレモンリゾット アイオリソース

P19
かぶのリゾット

P19
きのこのリゾット

P22
中華風がゆ

P23
石焼き風ビビンバ

Chapter 2
ごちそう炊き込みごはん、ワンポットパスタ

P28
クミンとにんじんの
バター炊き込みごはん

P28
たらこと長いものバター炊き込みごはん

P29
梅とトマトの炊き込みごはん

P29
炒め大根と桜えびの炊き込みごはん

P32
さんまの炊き込みごはん

P33
中華風ひじきごはん

P36
あさりと豚肉のポルトガル風ごはん

P37
鶏肉とオリーブと黒米の炊き込みごはん

P40
香港風土鍋ごはん

P41
チキンとまいたけの
ナンプラーレモンごはん

P44
れんこんとミモレットごはん

Chapter 3
野菜たっぷり煮込み料理

P44
栗とパルミジャーノごはん

P45
牡蠣とクレソンごはん

P45
イタリアンたこごはん

P48
米となすとレンズ豆のトルコ風重ね焼き

P49
ベジタリアンビリヤニ

P52
ハイナンチキンライス

P53
えびめし

P56
ペンネ アクアパッツァ

P57
シチリア風ミートボールのペンネ

P60
スモークサーモンと
ほうれん草のクリームパスタ

P61
クミン風味の
レバーレモンクリームパスタ

P66
ドライトマトと野菜のスープ

P67
塩豚と白いんげん豆のシチュー

P70
たらと里いもとレタスの豆鼓ソース蒸し

P71
野菜と鮭の粕汁

P74
ラム肉とドライプルーンのタジン風

P75
生ハムと豚肉の簡単ロールキャベツ

P78
韓国風牛すね汁かけごはん

P02　はじめに
P04　「ラ ココット de GOHAN」ってどんなお鍋？
P08　まずは、おいしいごはんを炊いてみましょう
P10　おいしいごはんのおとも
P12　この本の決まり、サイズ表

Column
P26　残りごはんで作るポタージュ
P64　ごはんココットで作るスイーツ

Lesson: まずは、おいしいごはんを炊いてみましょう

このココットで一番最初に味わっていただきたいのは、やっぱり炊きたてのごはん。
難しい手間は一切必要ありませんので、手順通りに炊いてみてください。（1合＝180cc、2合＝360cc）

1

30 minutes

お米を洗ってざるにあげ、
30分ほどおく。すぐ炊かな
い時は洗い米＊にするとよい。

2

お米をココットに入れ、
米と同量の水を注ぐ。

3

ふたをあけたまま、
沸騰するまで、中火で加熱。

4

ふつふつと沸騰してきたら、
お米とお湯を
軽く混ぜ合わせる。

5

10 minutes

ふたをして弱火で
10分加熱する。

6

+10 minutes

火を止めて、ふたをしたまま
さらに10分蒸らす。

＊「洗い米」とは、といで水を切ったお米を保存袋に入れて冷蔵庫で保管したもの。使うときは浸水せずにすぐに炊くことができて便利。

おいしいごはんのおとも

炊きたてごはんのおいしさは格別。
白いごはんにぴったりのおかず6品をご紹介します。
日持ちするものも多いので、作りおきにもぴったり。
※C〜Fは1週間ほど日持ちします。

A 納豆とふわふわ卵白

材料（作りやすい分量）
納豆… 1 パック
卵白… 1 個分
塩または薄口しょうゆ…適量
万能ねぎ（小口切り）、
　わさび（好みで）…適宜

卵白を納豆と混ぜ、ふわふわになるまで箸で混ぜる。塩または薄口しょうゆで味つけをし、好みで万能ねぎ、わさびを加える。

B 卵黄のしょうゆ漬け

材料（作りやすい分量）
卵黄… 1 個
しょうゆ…大さじ 2〜3
みりん（好みで）…適宜

好みでしょうゆにみりんを混ぜ合わせ、卵黄を入れ、表面にぴったりとラップをして一晩以上おく（1〜2 日後が食べごろ）。

C のりの佃煮

材料（作りやすい分量）
のり（細かくちぎる）… 2 枚（5g）
みりん…大さじ 1
しょうゆ…大さじ ¾
酒…大さじ 1
ごま油…小さじ ½

のり、みりん、しょうゆ、酒を鍋に入れ、弱火で煮る。仕上げにごま油をまわしかけて風味づけする。

D 切り干し大根の甘辛煮

材料（作りやすい分量）
油揚げ… 1 枚
切り干し大根… 20g
砂糖… 15g
しょうゆ…大さじ 1 ½
酒…大さじ 1
唐辛子（輪切り）… ½ 本

切り干し大根を水で戻し、熱湯で湯通しする。油揚げは横半分に切り 5mm 幅に切る。すべての材料、水 200cc を鍋に入れ、煮汁がほとんどなくなるまで弱火で煮る。

E ひじきの梅煮

材料（作りやすい分量）
ひじき… 15g
にんにく（みじん切り）… ½ かけ
梅干し（みじん切り）… 1 個
みりん…大さじ 1
しょうゆ…大さじ ⅔
酒…大さじ 1
ごま油…小さじ 1

ひじきは水で洗ってたっぷりの水で戻し、ざるにあげて水気をよく切る。鍋にごま油とにんにくを入れて強火で熱し、香りを出す。ひじきを炒めて調味料を入れ、梅干しを加え、煮汁がほとんどなくなるまで弱火で煮る。

F ピーマンのじゃこ炒め

材料（作りやすい分量）
ピーマン（細切り）… 6 個
ちりめんじゃこ… 20g
みりん…大さじ 2〜3
しょうゆ… 50cc
だし汁（水でも可）… 50cc

みりん、しょうゆ、だし汁を鍋に入れ、火にかけて煮立てる。ピーマン、ちりめんじゃこを加え、煮汁がほとんどなくなるまで弱火で煮る。

【この本の決まり】
◎大さじは15cc、小さじは5cc、1カップは200ccです。
　大さじ、小さじはすりきりで量ってください。
◎電子レンジは600wのものを使用しています。
◎塩はフランス・ゲランド産のものを使用しています。
　塩によって味が若干違うので、量は加減してください。
◎水分は目安です。新米の場合はやや少なめにするなどして調整してください。

【サイズ表】
◎新米の場合や季節、米の品種によって、またお好みで最適な水量は変わります。
　ご自身で調節してください。
◎本書では、レシピに合わせたサイズで紹介しています。
　Sサイズのものを M サイズで作る場合は約 1.5 〜 2 倍、
　Mサイズのものを S サイズで作る場合は約半量にするなどして調整してください。

	1合	1.5合	2合	備考
白米	水 180cc	水 270cc	水 360cc	P8 参照
玄米	水 250cc 塩 ひとつまみ	水 380cc 塩 ひとつまみ	水 500cc 塩 ひとつまみ	①玄米は洗ってざるに上げて水分をよく切る。 ②鍋に玄米、水、塩を入れて火にかける。 ③沸騰したらふたをして弱火で 30 〜 40 分炊く。 ④火を止めて 10 〜 20 分蒸らす。
タイ米	水 180cc	水 270cc	水 360cc	浸水をすると砕けやすいので、ゆでる or 炊く直前にざっと洗う
黒米、雑穀米など	水 180cc	水 270cc	水 360cc	白米 1 合に対して小さじ 1 〜 大さじ 1 を混ぜ、白米と同様に炊く。 水分は雑穀の種類に応じて加減する

Chapter 1

簡単混ぜごはん
リゾット、おかゆ

炊いたごはんに具材を混ぜるだけで作れるレシピ。
簡単なので、気軽にいろいろな味を楽しめます。
余ったごはんで作れるリゾットやお粥もご紹介しています。

01
そぼろのアジアン
混ぜごはん (Recipe P.16)

02
サーモンとレモンの
ライスサラダ (Recipe P.16)

03 クレソンとスパイスナッツの
混ぜごはん (Recipe P.17)

04 しらすとルッコラの
混ぜごはん (Recipe P.17)

size_S　color_linen

01
そぼろのアジアン混ぜごはん

ナンプラーとグリーンカレー風味のそぼろにハーブが◎。
タイ米なら浸水がなく炊けるので、手軽に作れます。

材料（Sサイズ1台分）
炊いたタイ米（ごはんでも可）… 1合
豚挽き肉… 50g
香菜、ディル、大葉など… 適量
にんにく… ½かけ
ナンプラー… 小さじ1
グリーンカレーペースト… 小さじ½
唐辛子（輪切り、好みで）… 少々

つくり方
❶香菜、ディル、大葉などは1cm長さに切る。にんにくはみじん切りにする。
❷フライパンに豚挽き肉とにんにくを入れて中火で炒める。
❸ナンプラー、グリーンカレーペースト、好みで唐辛子を加えて混ぜながら、さらに炒める。
❹炊いたタイ米に❸のそぼろ、香菜、ディル、大葉などをのせ、混ぜていただく。

size_S　color_white

02
サーモンとレモンのライスサラダ

酢飯にサーモンやレモンを合わせて、さわやかに。
サラダ感覚で食べられる混ぜごはんです。

材料（Sサイズ1台分）
炊いたごはん（蒸らしたて）… 1合
スモークサーモン（粗みじん切り）… 35g
レモンまたはすだち（薄いくし切り）… 少々
大葉（みじん切り）… 1束
すりごま… 小さじ1

すし酢
├ 米酢… 大さじ1
├ レモン汁… 小さじ1
├ 砂糖… 小さじ1
└ 塩… 小さじ¼弱

つくり方
❶すし酢の材料は混ぜ合わせておく。
❷炊いたごはんにすし酢を加えてざっと混ぜ、すりごまを加えてさらに混ぜ合わせる。
❸スモークサーモン、レモン、大葉を混ぜる。

size_S color_grey

size_S color_black

03
クレソンとスパイスナッツの混ぜごはん

クミンとナッツの香ばしさが後を引く味。
クレソンは塩もみでたっぷり摂れて色も鮮やか。

材料（S サイズ 1 台分）
炊いたごはん… 1 合
クレソン… 1 束
スライスアーモンド… 大さじ 3
いりごま… 大さじ 2
クミンシード… 大さじ 1
塩… 小さじ 1

つくり方
❶ アーモンド、いりごま、クミンシードは、フライパンで色づくまで中火でからいりし、塩を加えてざっと混ぜる。
❷ クレソンはみじん切りにして塩少々（分量外）をまぶし、しっかり水気を絞る。
❸ ①、②をごはんに混ぜる。

04
しらすとルッコラの混ぜごはん

しらすをイタリア風にいただく、野菜たっぷりレシピ。
ルッコラの苦みもオリーブ油でまろやかに。

材料（S サイズ 1 台分）
炊いたごはん… 1 合
しらす… 30g
ルッコラ… 1 束
オリーブ油… 大さじ 1
ごま（好みで）… 適宜

つくり方
❶ ルッコラは 3cm 長さに切り、しらす、オリーブ油を和える。
❷ ごはんに①を混ぜ、好みでごまを振る。

05
**鯛のレモンリゾット
アイオリソース**（Recipe P.20）

06
かぶのリゾット
(Recipe P.21)

きのこのリゾット
(Recipe P.21)

size_M　color_white

05
鯛のレモンリゾット アイオリソース

鯛を香味野菜とともにサッと煮て、あっさりリゾット風に。
レモンのきいたソースをつければ、また濃厚な味わいも楽しめます。

材料（Mサイズ1台分）
炊いたごはん… 200g
鯛… 2切れ
ミニトマト… 6個
セロリ… 1/3本
　（またはフェンネル… 大さじ2）
にんにく… 1かけ
白ワイン… 100cc
塩、こしょう… 各適量
オリーブ油… 小さじ1
サフラン（好みで）… 小さじ1

アイオリソース
　卵黄… 1個
　にんにく（すりおろし）… 少々
　レモン汁… 小さじ1/2
　レモンの皮… 少々
　マスタード… 小さじ1
　塩… ひとつまみ
　オリーブ油… 大さじ3

下準備
・鯛は塩少々（分量外）をふって水気を拭き、皮を中心に熱湯をかけて霜降りにしておく。
・アイオリソースは、油以外の材料をすべて混ぜ合わせ、オリーブ油を少しずつ加えながら混ぜてとろみをつける。

つくり方
❶ミニトマトは半分に切り、セロリは薄切りにする。にんにくはみじん切りにする。
❷鍋にオリーブ油とにんにくを入れて中火で熱し、香りを出す。
❸ミニトマト、セロリを入れて軽く炒め、鯛を加える。
❹白ワインを入れて沸騰させる。
❺水200cc、ごはん、好みでサフランを入れて中火で煮る。水分が飛んでとろっとしたらOK。
❻塩、こしょうで味を調え、アイオリソースを添える。

size_M　color_grey

size_M　color_cherry

06
かぶのリゾット（左）／きのこのリゾット（右）

じっくり弱火で甘みを引き出したかぶや、うまみの強いきのこだけでシンプルリゾットに。
炊いたごはんを使うので、通常のリゾットより短時間で作れます。

材料（Mサイズ1台分）
炊いたごはん…200g
にんにく（みじんぎり）…½かけ
生クリーム…大さじ3
パルミジャーノ（すりおろし）…大さじ3
塩…適量
オリーブ油…少々
粗挽き黒こしょう（好みで）…適宜

[かぶのリゾット]
　かぶ（4つ切り）…2個（180g）
[きのこのリゾット]
　マッシュルーム（4つ切り）…1パック
　白まいたけ（ほぐす）…1パック

下準備
・かぶは塩少々（分量外）で和えて水分を少し出しておく。

つくり方
❶[かぶのリゾット] 鍋にオリーブ油とにんにくを入れて中火で熱し、香りを出す。かぶ、水120ccを入れて中火にし、沸騰したらふたをして弱火で5～10分蒸す。かぶにやっと串が通るくらいでOK。
[きのこのリゾット] 鍋にオリーブ油とにんにくを入れて中火で熱し、香りが出たらきのこを入れて軽く炒める。

以下共通
❷ごはん、生クリームを入れて中火で煮る。水分が飛んでとろっとしたらOK。
❸火を止めてパルミジャーノを加えて混ぜ、塩で味を調える。好みで粗挽き黒こしょうを振る（きのこのリゾットは最後にイタリアンパセリを散らしても）。

07
中華風がゆ (Recipe P.24)

08
石焼き風ビビンバ
(Recipe P.25)

23

size_M　color_linen

07
中華風がゆ

鶏だしで煮て、とろっとしたおかゆは滋味深くホッとする味。
薄味なので、好みでトッピングを楽しんでください。

材料（Mサイズ1台分）
炊いたごはん…200ｇ
鶏手羽先…2〜3本
塩…適量
ごま油…小さじ1
長ねぎ、香菜、ザーサイ、ピータン（好みで）
　…適宜

下準備
・鶏手羽先は関節を切り、塩少々（分量外）を振り、水気を拭いておく。
・長ねぎは4cm長さに切って縦に切り目を入れ、中の芯を取り出す。外側だけを重ね、端からごく細く切っていく。水に10分さらし、水気を切っておく。

つくり方
❶ 鍋にたっぷりの水（約600cc）、鶏手羽先を入れ、中火にかける。
❷ 沸騰したらごはん、ごま油を入れて軽く混ぜ、ふたをして弱火で10分ほど煮る。おかゆ状になったら塩で味を調える。
❸ 好みで白髪ねぎ、香菜、ザーサイ、ピータンを添える。

size_S color_black

08
石焼き風ビビンバ

カリカリのおこげが作れるのも、このココットならでは。
ナムルは1、2種類でも十分おいしいので、手軽に作ってみてください。

材料 (Sサイズ2台分)
米…2合（といだもの）
卵黄…2個
ごま油…大さじ2
キムチ、コチュジャン（好みで）…適宜

[ナムル（作りやすい分量）]
豆もやし…1パック
ほうれん草…1把
にんじん（4cmの千切り）…1本
セロリ（4cmの薄切り）…1本
A（野菜1種類につき全量必要）
　にんにく（すりおろし）…少々
　ごま…小さじ1
　塩、こしょう…各ひとつまみ
　ごま油…小さじ2

　しいたけ（薄切り）…1パック
　ごま…小さじ1
　塩、こしょう…各ひとつまみ
　ごま油…小さじ2

牛挽き肉…100g
しょうゆ…小さじ1
コチュジャン…小さじ2
塩…ひとつまみ

つくり方
❶ナムルを作る。豆もやし、ほうれん草、にんじん、セロリは塩ゆでして水気を切り、ほうれん草は4cm長さに切り、野菜1種類につき**A**で和える。しいたけはごま油で炒め、ごま、塩、こしょうで和える。
❷牛挽き肉はしょうゆ、コチュジャンと炒めて水分を飛ばし、塩で味を調える。
❸各鍋に米1合、水180ccを入れ、中火にかけて沸騰したら弱火で10分炊く。
❹ごま油をまわしかけ、強めの中火で3～4分焼きつける（おこげを作るため）。そのまま10分蒸らす。
❺①のナムル、②の牛挽き肉、卵黄をのせ、好みでキムチ、コチュジャンを添える。

Column_1
残りごはんで作るポタージュ

炊いたあとの鍋の中にこびりつきがちなごはん。ごはんでとろみをつけるポタージュはいかがですか？
かぼちゃ以外にも、いも類やにんじん、ねぎなど、好みの野菜で作れます。

つくり方

❶ ごはんが残った状態の鍋に、水（薄めのコンソメやブイヨンでも）約300ccを入れて1時間〜一晩おいてふやかす（**a**、一晩おくときはふたをして冷蔵庫に入れる）。

❷ ラップをして電子レンジに2分かけ、一口大にカットしたかぼちゃ150gを加えて、やわらかくなるまで弱火で煮込む。

❸ ミキサーなどで撹拌する（**b**）。生クリーム50ccを入れ、塩で味を調える。好みでローズマリーなどのハーブを散らす。

a

b

Chapter 2
ごちそう炊き込みごはん
ワンポットパスタ

肉や魚、そして野菜をたっぷり入れた、
それだけで献立になるくらいボリュームのある炊き込みごはん。
ソースの中でパスタをゆでるお手軽レシピも。

10
たらこと長いもの
バター炊き込みごはん (Recipe P.30)

09
クミンとにんじんの
バター炊き込みごはん (Recipe P.30)

12
炒め大根と桜えびの
炊き込みごはん (Recipe P.31)

11
梅とトマトの
炊き込みごはん (Recipe P.31)

size_S　color_grey

size_S　color_grenadine red

09
クミンとにんじんの
バター炊き込みごはん

スパイシーなクミンとにんじんは相性抜群。
ほんの少しのバターがきいて、にんじんもたっぷり
食べられます。洋風肉料理のつけあわせにもおすすめ。

材料（S サイズ 1 台分）
米…1 合（といだもの）
にんじん…1 本
塩…少々
クミンシード（パウダーでも可）
　…小さじ½
薄めのブイヨン…180cc
ローリエ…1 枚
バター…小さじ 1

つくり方
❶にんじんは皮をむいてスライサーで千切りにする。塩を振り、軽く水気を絞る。
❷鍋にバター、クミンシードを入れて炒め、米、ブイヨンを入れて軽く混ぜ、❶のにんじん、ローリエをのせ、中火にかけて沸騰したら弱火で 10 分炊き、10 分蒸らす。

10
たらこと長いもの
バター炊き込みごはん

パスタでおなじみのたらこバターも
ごはんによく合います。ほくほくとした長いもで、
食感の変化を楽しんでください。

材料（S サイズ 1 台分）
米…1 合（といだもの）
たらこ…1 腹
長いも…160g
酒…小さじ 1
バター…5g（大さじ½弱）

つくり方
❶長いもは皮をむき、ひと口大の乱切りにして水にさらし、水気を切る。
❷鍋に米、水 180cc、酒を入れて軽く混ぜ、❶の長いも、たらこ、バターをのせ、中火にかけて沸騰したら弱火で 10 分炊き、10 分蒸らす。
❸炊きあがったら、たらこをくずしながら混ぜる（大葉やあさつき、のりなどを添えても）。

size_S color_grand blue

size_S color_linen

11
梅とトマトの
炊き込みごはん

うまみが凝縮されたトマトに酸味のある
梅干しを合わせたさわやかな味。
食欲がないときの私の定番レシピです。

材料（Sサイズ1台分）
米…1合（といだもの）
ミディトマト…2個（200g）
梅干し…大1個
実山椒の佃煮…適量

つくり方
❶トマトはざく切りにする。
❷鍋に米、水150ccを入れて、トマト、梅干しをのせ、中火にかけて沸騰したら弱火で10分炊く。
❸トマト、梅干しをほぐしながらさっくりと混ぜ、10分蒸らす。
❹実山椒の佃煮を散らす。

12
炒め大根と桜えびの
炊き込みごはん

大根を炒めて香ばしく、甘みを引き出しています。
桜えびからおいしいだしと香りが出て、
ヘルシーで胃に優しく、ほっとする味わいです。

材料（Sサイズ1台分）
米…1合（といだもの）
大根…100g
桜えび…5g
しょうゆ（あれば薄口）…小さじ½
酒…小さじ1
塩…ひとつまみ
ごま油…小さじ1

つくり方
❶大根は1.5cm角に切る。
❷鍋にごま油、大根を入れて炒め、しょうゆを入れてなじませる。
❸米、酒、水180cc、塩、桜えびを入れて軽く混ぜ、❷の大根をのせ、中火にかけて沸騰したら弱火で10分炊き、10分蒸らす。

13
さんまの炊き込みごはん
(Recipe P.34)

14
中華風ひじきごはん
(Recipe P.35)

size_M color_black

13
さんまの炊き込みごはん

香ばしくふっくらとしたさんまと、香り高いまいたけは秋の日のごちそう。
すだちやゆずこしょうで、味をキリッと引き締めます。

材料(Mサイズ1台分)
米…2合（といだもの）
さんま…1尾
まいたけ…60〜80g
だし汁…350cc
塩…小さじ1
酒…小さじ2
すだちの皮と輪切り、
　またはゆずこしょう（好みで）…適宜

下準備
・さんまは頭と内臓を取って洗い、水分を拭き取る。塩少々（分量外）を振り、冷蔵庫に20分おく。水気を拭き取って半分に切り、皮に切り目を入れて焼く。

つくり方
❶鍋に米、ほぐしたまいたけ、だし汁、塩、酒を入れて軽く混ぜ、中火にかけて沸騰したら弱火で10分炊く。
❷さんまを入れ、10分蒸らす。
❸好みですだちの皮と輪切り、またはゆずこしょうを添える。

MEMO
だし汁はかつおだしを使っています。水約450ccにこんぶ5cm角1枚を30分以上浸し、
弱火で沸騰直前まで温めて火を止め、かつおぶしをひとつかみ（10g）入れて、ざるで漉します。冷めたらだし汁として使えます。

size_M color_grey

14
中華風ひじきごはん

オイスターソースの香りがごはんにしみこんで、食べごたえ十分。
ひじき、干ししいたけ、ごぼう…うまみが合わさり、食感も楽しめます。

材料(Mサイズ1台分)
米…2合（といだもの）
芽ひじき…6g
干ししいたけ（スライス）…6g
ごぼう…15g
しょうゆ…大さじ½
オイスターソース…20cc
酒…20cc
ごま油…小さじ2

下準備
・ 芽ひじきはたっぷりの水で戻して、ざるに
  あげて水気を切っておく。

つくり方
❶ ごぼうはざっとたわしなどで洗い、ささがきにする。
❷ すべての材料、水360ccを鍋に入れて軽く混ぜ、中火にかけて沸騰したら弱火で10分炊き、10分蒸らす。

MEMO
干ししいたけは戻さず、直接炊き込んで火を通します。

15
あさりと豚肉の
ポルトガル風ごはん
(Recipe P.38)

16
鶏肉とオリーブと
黒米の炊き込みごはん
(Recipe P.39)

size_M color_grand blue

15
あさりと豚肉のポルトガル風ごはん

あさりと豚肉の煮込みはポルトガルの定番料理。
貝と肉のうまみが溶け出したスープを、ごはんに余すことなく吸わせました。

材料 (Mサイズ1台分)
米…1.5合(といだもの)
あさり…150g
豚肩ロース(ブロック)…200g
にんにく…1かけ
白ワイン…50cc
オリーブ油…大さじ1
香菜(みじん切り)、パプリカパウダー
　(好みで)…各適宜

下準備
・あさりは海水と同じ濃度の塩水に1時間
　以上つけ、砂抜きをしておく。
・豚肩ロースに塩小さじ½(分量外)をまぶ
　し、ペーパーで包み、冷蔵庫に30分おく。
　2cm角に切る。

つくり方
❶ 鍋にオリーブ油、つぶしたにんにくを入れて中火で熱し、香りを出す。
❷ 豚肉を入れて中火で焼き、焼き色をつける。
❸ あさりと白ワインを加え、あさりの口が開くまで、ふたをして中火で煮る。あさりを取り出す。
❹ 米、水220ccを入れて軽く混ぜ、中火にかけて沸騰したら弱火で10分炊く。
❺ あさりを戻し、10分蒸らす。
❻ 好みで香菜、パプリカパウダーを添える。

size_M color_grenadine red

16
鶏肉とオリーブと黒米の炊き込みごはん

オリーブのほろ苦さが大人っぽい、色鮮やかな南仏風の鶏肉ごはん。
くったりとしたブロッコリーと、プチプチの黒米がアクセントに。

材料（Mサイズ1台分）
米… 1.5合
黒米… 大さじ1
鶏もも肉… 1枚（約300g）
ブロッコリー… 80g
にんにく… 1かけ
アンチョビフィレ… 3枚
ドライトマト… 8g
オリーブ… 30g
塩… 小さじ2/3
こしょう… 少々
白ワイン… 大さじ2

下準備
・米と黒米を合わせてといでおく。
・鶏もも肉は一口大に切り、塩、こしょう各少々（分量外）で下味をつけておく。
・ドライトマトはかたいようなら、湯通ししておく。

つくり方
❶ ブロッコリーは小房に分ける。にんにくはみじん切りにする。アンチョビはたたく。ドライトマトは粗みじん切りにする。
❷ 鍋ににんにく、アンチョビを入れて中火で熱し、香りを出す。
❸ 皮を下にして鶏肉を入れ、表面を焼きつけ、取り出しておく。
❹ 白ワインを入れてひと煮立ちさせる。
❺ 米、黒米、ドライトマト、塩、こしょう、水270ccを入れて軽く混ぜ、❸の鶏肉、ブロッコリー、オリーブをのせて、中火にかけて沸騰したら弱火で10分炊き、10分蒸らす。

17
香港風土鍋ごはん
(Recipe P.42)

18
**チキンとまいたけの
ナンプラーレモンごはん**
(Recipe P.43)

size_S color_cherry

17
香港風土鍋ごはん

香港で食べた甘辛だれの土鍋ごはんをイメージして作りました。
ごはんが炊けるころには、肉ともやしにもちょうど火が通っています。

材料 (Sサイズ2台分)
米… 2合（といだもの）
牛挽き肉… 240g
もやし… 100g
万能ねぎ（小口切り）… 大さじ2
卵黄… 2個

A
| 卵白… 1個分
| 砂糖… 小さじ½
| 塩… 小さじ½弱
| ナンプラー… 小さじ2
| ごま油… 小さじ2

たれ
| 砂糖… 大さじ¼
| しょうゆ… 大さじ1
| 酒… 大さじ1
| 花椒（くだく）… 小さじ½

つくり方
❶ 牛挽き肉と **A** を混ぜ合わせ、こねる。2等分して、常温に出しておく。
❷ 各鍋に米1合、水180ccを入れて、中火にかけて沸騰したら弱火で5分炊く。①の牛挽き肉を平たく広げてのせ、ふたをしてさらに弱火で5分炊く。
❸ 小鍋にたれの材料を入れひと煮立ちさせる。
❹ ②の鍋にもやしを入れ、10分蒸らす。中央に卵黄をのせ、③のたれをかけて、万能ねぎを散らす。

MEMO
花椒は中国・四川料理には欠かせないスパイスで、
さわやかな香りと刺激的な辛さが特徴。麻婆豆腐や炒めものによく使われます。

size_M　color_linen

18
チキンとまいたけのナンプラーレモンごはん

レモンの香りとナンプラーの風味がきいた、ベトナム風チキンごはん。
レモンを一緒に炊くことで、ほろ苦い清涼感が加わります。

材料（Mサイズ1台分）
タイ米…1.5合
鶏もも肉…1枚（250〜300g）

A
| にんにく（すりおろし）…1かけ
| 唐辛子（輪切り）…少々
| ナンプラー…大さじ1
| レモン汁…¼個分

まいたけ（ほぐす）…1パック
レモン（国産）…¼個
香菜…適量
粗挽き黒こしょう…適量

下準備
・鶏もも肉全体にフォークで穴を開け、一口大に切る。**A**を合わせたものに漬け、冷蔵庫に30分おく。

つくり方
❶鍋に皮を下にして鶏肉を入れ、中火にして表面を焼きつける。
❷まいたけを加え、軽く炒める。
❸水でざっと洗ったタイ米、水270ccを入れ、レモンを絞る。中火にかけて沸騰したら、絞ったレモンも加え、弱火で10分炊き、10分蒸らす。
❹香菜をのせ、粗挽き黒こしょうを振る。

19
**れんこんと
ミモレットごはん**
(Recipe P.46)

20
栗とパルミジャーノごはん
(Recipe P.46)

21
牡蠣とクレソンごはん
(Recipe P.47)

22
イタリアンたこごはん
(Recipe P.47)

size_S color_white

size_S color_grey

19
れんこんとミモレットごはん

シャキシャキとしたれんこんに、香り高いミントの
アクセント。温かいごはんに混ぜて、
ミモレットが少し溶けたところをいただきます。

材料（Sサイズ1台分）
米…1合（といだもの）
れんこん…80g
にんにく…¼かけ
ミント…適量
ミモレット（すりおろし）…大さじ4
塩…小さじ¼
バター…小さじ½

つくり方
❶ れんこんは小さめの乱切りにする。にんにくはみじん切りにする。
❷ 鍋にバター、にんにくを入れて中火で熱し、香りを出す。れんこんを入れて中火で炒める。
❸ 米、水180cc、塩を入れて軽く混ぜ、中火にかけて沸騰したら弱火で10分炊き、10分蒸らす。
❹ ミモレット、ミントを加えて混ぜる。

20
栗とパルミジャーノごはん

パルミジャーノを入れた、こくのある栗ごはん。
じっくりと火を通した生栗の、
ほくほくとした食感と甘みは格別です。

材料（Sサイズ1台分）
米…1合（といだもの）
むき栗（生）…100g
パルミジャーノ（すりおろし）…20g
塩…小さじ½弱
バター…小さじ1

つくり方
❶ 鍋にバター、米、栗を入れて中火で炒める。
❷ 水180cc、塩を入れて軽く混ぜ、中火にかけて沸騰したら弱火で10分炊き、10分蒸らす。
❸ パルミジャーノを加えて混ぜる。

size_S　color_black

size_S　color_grenadine red

21
牡蠣とクレソンごはん

牡蠣ならではの磯の香りをお米に閉じこめて。
バター、クレソン、白ワインを合わせて、
どこか洋風の味つけにしています。

材料（Sサイズ1台分）
米…1合（といだもの）
牡蠣…100g
クレソン…1束
にんにく…¼かけ
白ワイン…大さじ1
塩…小さじ¼強
バター…小さじ1弱

つくり方
❶クレソンは2cm長さに切る。にんにくはみじん切りにする。
❷鍋にバター、にんにくを入れて中火で熱し、香りを出す。牡蠣を入れて中火で炒め、白ワインを加えてひと煮立ちさせ、牡蠣を取り出す。
❸米、水180cc、塩を入れて軽く混ぜ、中火にかけて沸騰したら弱火で10分炊く。
❹②の牡蠣を戻し、10分蒸らす。
❺クレソンを入れて混ぜる。

22
イタリアンたこごはん

オリーブオイル、トマト、にんにく…地中海風なたこごはんはボリューム満点、ワインに合う味。
最後にレモンを絞ると後味がぐっとさわやかに。

材料（Sサイズ1台分）
米…1合（といだもの）
たこ（一口大に切る）…80g
トマト（ざく切り）…30g
イタリアンパセリ…適量
レモン（くし切り）…¼個分
にんにく（みじん切り）…¼かけ
塩…小さじ½　　白ワイン…大さじ1
オリーブ油…小さじ1

つくり方
❶鍋にオリーブ油、にんにくを入れて中火で熱し、香りを出す。たこ、トマトを入れて軽く炒め、白ワインを加えてひと煮立ちさせ、たこを取り出す。
❷米、水180cc、塩を入れて軽く混ぜ、中火にかけて沸騰したら弱火で10分炊く。
❸①のたこを戻し、10分蒸らす。
❹イタリアンパセリを加え、レモンを絞る。

23
米となすとレンズ豆の
トルコ風重ね焼き
(Recipe P.50)

24
ベジタリアンビリヤニ
(Recipe P.51)

size_M color_black

23
米となすとレンズ豆のトルコ風重ね焼き

なす、トマト、挽き肉を重ね焼きにするトルコ料理「ムサカ」を、レンズ豆を使ってアレンジ。
油を吸ってとろりとしたなすに、米が加わり食べごたえ十分です。

材料 (Mサイズ1台分)
タイ米… 1合
なす… 4本（330g）
バジル… 少々
レンズ豆… 40g
シュレッドチーズ
　またはモッツァレラ… 100g
レモン（好みで）… 適宜

トマトソース
　トマト（角切り）… 大1個
　玉ねぎ（粗みじん切り）… 60g
　マッシュルーム（粗みじん切り）… 60g
　にんにく（みじん切り）… ½かけ
　クミンシード… 小さじ2
　塩… 小さじ¼
　オリーブ油… 大さじ1
　粉唐辛子（好みで）… 少々

下準備
- なすは1.5cm厚さの輪切りにし、塩少々（分量外）をまぶして水気を拭き、オリーブ油大さじ3〜4（分量外）で焼く。
- レンズ豆は水でざっと洗っておく。

つくり方

❶ トマトソースを作る。鍋にオリーブ油、にんにく、クミンシード、好みで粉唐辛子を入れて強めの中火で熱し、香りを出す。トマト、玉ねぎ、マッシュルームを入れて炒め、塩を加えて混ぜ、全て取り出す（鍋は洗う）。

❷ 鍋に水でざっと洗ったタイ米→なす→❶のトマトソース→レンズ豆→バジルの順に重ねる。

❸ ❷を再度繰り返し（バジルを少し残しておく）、水180ccに塩小さじ½（分量外）を溶かした塩水を加え、中火にかけて沸騰したら弱火で10分炊く。

❹ チーズを散らし、10分蒸らす。

❺ バジルをのせる。好みでレモンを絞る。

size_M color_grenadine red

24
ベジタリアンビリヤニ

香味野菜とスパイスたっぷり、インドのお米料理。野菜は1、2種類でもOKです。
スパイスの複雑な香りとナッツの香ばしさが、野菜の甘みをまとめています。

材料 (Mサイズ1台分)
タイ米…1.5合
にんじん、じゃがいも、玉ねぎ
　ベビーコーン、パプリカ、枝豆…各50g
青唐辛子…½本
香菜の茎、しょうが、にんにく…各小さじ1
バター…小さじ2
クミンシード…小さじ1
プレーンヨーグルト…70cc
塩…小さじ½

スパイス
　カルダモン、クミン、ターメリック、
　コリアンダーパウダーなどを合わせる
　（カレー粉でも可）…小さじ1½

レーズン、ローストカシューナッツ、
　フライドオニオン、香菜（好みで）…適宜

つくり方
❶にんじん、じゃがいも、玉ねぎ、ベビーコーン、パプリカは1cm角に切る。枝豆は塩ゆでしてさやから出し、薄皮をむく。青唐辛子は小口切りにする。
❷香菜の茎はみじん切りにする。しょうがとにんにくはすりおろす。
❸鍋にバター、クミンシードを入れて弱火で熱し、香りを出す。
❹❶のすべての野菜、❷の香菜の茎、しょうが、にんにくを入れて軽く炒め、スパイス、塩を加えて混ぜる。
❺水でざっと洗ったタイ米、ヨーグルト、水200cc、塩½（分量外）を入れて軽く混ぜ、中火にかけて沸騰したら弱火で10分炊き、10分蒸らす。
❻好みでレーズン、ローストカシューナッツ、フライドオニオン、香菜を添える。

25
ハイナンチキンライス
(Recipe P.54)

26
えびめし (Recipe P.55)

size_M color_grey

25
ハイナンチキンライス

鶏をゆでて、そのゆで汁でごはんを炊く東南アジアの料理。
鶏むね肉のうまみを味わいつくせる一石三鳥なレシピです。

材料（Mサイズ1台分）
タイ米…1.5合
鶏むね肉…1枚（350g）
ねぎ（青いところ）、にんにく（薄切り）
　しょうが（薄切り）…各少々
みょうが（みじん切り）…1本
　（または長ねぎのみじん切り…小さじ2）
鶏ガラスープのもと…小さじ1
塩…小さじ½　ごま油…小さじ1
香菜（あれば）…適宜

オイスターソイソース（作りやすい分量）
　オイスターソース…小さじ1
　しょうゆ…大さじ1　砂糖…少々

唐辛子ソース（作りやすい分量）
　にんにく（すりおろし）…小さじ½
　砂糖…小さじ⅓
　豆板醤、ナンプラー、レモン汁
　　…各小さじ1

しょうがソース（作りやすい分量）
　しょうが（すりおろし）、ごま油
　　…各小さじ1
　塩…ひとつまみ

つくり方
❶鶏肉に塩少々（分量外）を振り、水気を拭く。
❷鍋に水600cc、ねぎ、にんにく、しょうが、スープのもとを入れて沸騰させる。鶏肉を入れ、極弱火で1分ゆで、ふたをしてスープの中で冷ます（厚手のストウブならではの余熱調理）。すべて取り出す（鍋は洗わない）。
❸鍋にごま油、みょうがを入れて炒め香りを出す。ざっと洗ったタイ米を加え軽く炒める。
❹②のスープ270cc、塩を加えて軽く混ぜ、中火にかけて沸騰したら弱火で10分炊き、10分蒸らす（残りのスープは酒や塩を入れてスープに。冷凍も可）。
❺ソースはそれぞれ混ぜ合わせる。
❻タイ米と切った鶏を器に盛り、ソース、あれば香菜を添える。

size_M color_white

26
えびめし

幼少の頃、岡山で食べていた B 級グルメ「えびめし」を思い出しながら作りました。
えびのだし＆ほんのりスパイシーな濃いめの味つけで、あとひくおいしさです。

材料（M サイズ 1 台分）
米…2 合（といだもの）
有頭えび…小 10 尾
玉ねぎ…½ 個
マッシュルーム…60 g
にんにく…½ かけ
カレールウ…½ かけ（10 g）
カレー粉…小さじ 1
ウスターソース…大さじ 2
オイスターソース…小さじ 1
酒…大さじ 1
バター…大さじ 1

つくり方
❶ えびは頭と胴体を分ける。玉ねぎ、にんにくはみじん切りにする。マッシュルームは薄切りにする。カレールウは薄切りにする。
❷ 鍋にバター、玉ねぎ、にんにくを入れて強火で熱し、香りを出す。
❸ えびを入れて中火で炒め、酒を加えてひと煮立ちさせ、えびの身を取り出しておく。
❹ 米、マッシュルーム、カレールウ、カレー粉、ウスターソース、オイスターソース、水 300cc を入れて軽く混ぜ、中火にかけて沸騰したら弱火で 10 分炊く。
❺ えびの身を戻し、10 分蒸らす。

 MEMO
えびのだしと香りをきかせたいので、ぜひ有頭えびを使ってください。

27
ペンネ アクアパッツァ
(Recipe P.58)

28
**シチリア風
ミートボールのペンネ**
(Recipe P.59)

size_M　color_cherry

27
ペンネ アクアパッツァ

魚に貝のうまみをプラスしたアクアパッツァをパスタにアレンジ。
ペンネ（ショートパスタ）を使えば、鍋に直接入れるワンポットで作れます。

材料（Mサイズ1台分）
ペンネ… 160g
カジキマグロ… 160g
あさり… 200g
ミニトマト…½パック
玉ねぎ… 60g
にんにく… 1かけ
アンチョビフィレ… 2枚
白ワイン…大さじ2
塩…小さじ1
ローズマリー（好みで）…適宜

下準備
・あさりは海水と同じ濃度の塩水に1時間以上つけ、砂抜きをしておく。

つくり方
❶カジキマグロは2cm角に切る。ミニトマトは半分に切る。玉ねぎ、にんにくはみじん切りにする。アンチョビはたたく。
❷鍋にアンチョビ、にんにくを入れて中火で熱し、香りを出す。
❸カジキマグロ、あさり、玉ねぎを入れて軽く炒め、白ワインを加え、あさりの口が開くまで、ふたをして中火で煮る。あさりを取り出しておく。
❹ペンネ、ミニトマト、水300cc、塩、好みでローズマリーを入れて、途中で2〜3回混ぜながら、ふたをして弱火で15分煮る。
❺❸のあさりを戻し、混ぜ合わせる。

size_M　color_grand blue

28
シチリア風ミートボールのペンネ

味のポイントはミートボールにほんの少しシナモンをきかせること。
いつものトマトソースも、アーモンドとシナモンで異国風な味わいになります。

材料(Mサイズ1台分)
ペンネ… 160g

ミートボール
| 合挽き肉… 200g
| 玉ねぎ… 60g
| イタリアンパセリ… 小さじ1
| にんにく… ½かけ
| 卵… 小1個
| パン粉… 20g
| シナモンパウダー… 小さじ⅓
| パルミジャーノ（すりおろし）… 20g
| 塩、こしょう… 各小さじ⅓

トマト缶… 400g
にんにく（みじん切り）… 1かけ
唐辛子（小口切り）… ½本
塩… 小さじ1弱
オリーブ油… 少々
ローストアーモンド（薄切り）、
　イタリアンパセリ（好みで）… 適宜

つくり方
❶ ミートボールを作る。玉ねぎとイタリアンパセリはみじん切り、にんにくはすりおろす。ボウルに材料すべてを混ぜ合わせて練り、直径2〜3cmに丸める。
❷ 鍋にオリーブ油、にんにく、唐辛子を入れて中火で熱し、香りを出す。
❸ トマトを手でつぶしながら入れ、ペンネ、水200cc、塩を入れ、ふたをして中火で煮る。沸騰したら弱火にして、途中で2〜3回混ぜながら煮る。
❹ 8分経ったらミートボールを入れ、さらに弱火で7〜8分煮る。
❺ 好みでローストアーモンド、イタリアンパセリを散らす。

29
スモークサーモンと
ほうれん草のクリームパスタ
(Recipe P.62)

30
**クミン風味の
レバーレモンクリームパスタ**
(Recipe P.63)

size_M color_grey

29
スモークサーモンとほうれん草のクリームパスタ

スモークサーモンを使えば、スモーキーで風味豊かなソースがお手軽に。
生クリームだけのあっさりソースで、ほうれん草もたっぷりいただけます。

材料（Mサイズ1台分）
フェットチーネ（乾麺）…4巻（100g）
スモークサーモン…50g
ほうれん草…1把
にんにく…½かけ
アンチョビフィレ…2枚
白ワイン…50cc
生クリーム…200cc
塩、こしょう…各適量
ナツメグ（好みで）…適宜

つくり方
❶ スモークサーモンは一口大に切る。ほうれん草は3cm長さに切る。にんにくはみじん切りにする。アンチョビはたたく。
❷ 鍋にアンチョビ、にんにくを入れて中火で熱し、香りを出す。
❸ 白ワインを加えて、ひと煮立ちさせる。
❹ 生クリーム、フェットチーネを入れて、かぶるくらいの水を入れる。ふたをして中弱火で7〜8分煮込む。
❺ フェットチーネをほぐし、ほうれん草を入れて軽く混ぜ、しんなりとするまで火を通す。
❻ スモークサーモンを入れ、塩、こしょうで味を調える。
❼ 好みでナツメグをすりおろす。

 MEMO
サーモンの代わりに生ハム、ほうれん草の代わりにズッキーニ、ブロッコリー、アスパラなどでも。

size_M color_grey

30
クミン風味のレバーレモンクリームパスタ

少しクセのあるレバーに、クミンでスパイシーなアクセント。
レモンの皮と果汁で、後味もキリッと引き締めています。

材料（Mサイズ1台分）
フェットチーネ（乾麺）…4巻（100g）
鶏レバー…200g
塩…小さじ⅓
玉ねぎ（薄切り）…50g
にんにく（みじん切り）…1かけ
レモン汁…½個分
レモンの皮…½個分
生クリーム…150cc
クミンシード（カレー粉でも可）
　…小さじ½
白ワイン…50cc
塩、こしょう…各適量
オリーブ油…少々
タイムまたはイタリアンパセリ
　（粗みじん切り、好みで）…適宜
レモンの皮（すりおろし、好みで）…適宜

下準備
・鶏レバーは一口大に切り、筋を取って1時間以上水につけ、血抜きをして水気を拭く。塩、こしょう（分量外）、クミンシードをまぶしておく。

つくり方
❶鍋にオリーブ油、にんにくを入れて中火で熱し、香りを出す。
❷レバーを入れて中火で焼き、焼き色をつける。
❸玉ねぎを加えて炒める。
❹白ワイン、レモン汁を加えて、ひと煮立ちさせる。
❺生クリーム、フェットチーネ、レモンの皮、好みでタイムまたはイタリアンパセリを入れて、ふたをして中弱火で7〜8分煮込む。
❻塩、こしょうで味を調え、好みでレモンの皮を散らす。

Column_2
ごはんココットで作るスイーツ

台湾でよく食べられている、スープ状のゆであずき。
さっぱりと甘さ控えめなので、さらさらといただけます。

つくり方

❶ あずき200gをたっぷりの水でゆで、「沸騰したらゆでこぼす」を2〜3回繰り返す。
❷ 水をたっぷり入れて極弱火で40分煮る。途中で数回に分けて、上白糖150gを加える。ふきこぼれないようふたをずらす。
❸ 豆がやわらかくなったら完成(**a**)。白玉などを添えていただく。
❹ ふたを外して極弱火にかけ、水分を飛ばすと和風のしっかりとしたゆであずきが完成(**b**、好みで上白糖を50g追加しても)。

a

b

Chapter 3

野菜たっぷり
煮込み料理

ごはんココットは煮込み料理も得意。
野菜をたっぷり使ってヘルシーに仕上げています。
ごはんやパンがあれば、それだけでおいしいメニューに。

31
ドライトマトと野菜のスープ
(Recipe P.68)

32
塩豚と白いんげん豆のシチュー
(Recipe P.69)

size_M　color_grenadine red

31
ドライトマトと野菜のスープ

じっくり煮ることで、野菜の甘みが楽しめるスープに。
ベーコンの他に、こく出しにドライトマトを使いました。

材料（Mサイズ1台分）
ベーコン…4枚
にんじん…1本
玉ねぎ…1個
里いも…3個
れんこん…3〜4cm
トマト…大2個
ドライトマト…小3個（20g）
塩…小さじ1

つくり方
❶ベーコンは5mmに切る。にんじん、里いも、れんこんは皮をむき、一口大に切る。玉ねぎは大きめのくし切りにする。トマトはざく切りにし、ドライトマトは一口大に切る。
❷里いも、れんこんは水にさらし、水気を切る。
❸鍋にすべての材料、水600ccを入れて、火が通るまでふたをして弱火で煮る。

size_M color_grey

32
塩豚と白いんげん豆のシチュー

塩豚と冬の白い野菜たちをコトコト煮込みます。
豆が少し煮崩れて、とろみがついたらおいしい食べごろ。

材料(Mサイズ1台分)
豚肩ロース（ブロック）… 250g
白いんげん豆… 100g
セロリ… 1本
カリフラワー… ½株（150g）
マッシュルーム… 3〜4個
かぶ… 2個
にんにく（つぶす）… 1かけ
塩、こしょう… 各適量
タイム、ローリエ（好みで）… 適宜

下準備
・豚肩ロースに塩小さじ1（分量外）をまぶし、キッチンペーパーで包み、冷蔵庫に一晩〜3日おく。3cm厚さに切る。
・白いんげん豆は3倍量の水に一晩浸水する。

つくり方
❶ セロリは3cm長さに切る。カリフラワーは小房に分ける。マッシュルームは半分に切り、かぶは大きければ切る。
❷ 鍋に豚肉、白いんげん豆、セロリ、にんにくを入れて、たっぷりの水を加え、弱火で1時間ほど煮る。
❸ カリフラワー、マッシュルーム、かぶ、好みでタイム、ローリエを入れて、やわらかくなるまで15分ほど弱火で煮る。塩、こしょうで味を調える。

MEMO
塩豚から塩分が出るので、最後に加減してください。

33
たらと里いもとレタスの
豆豉ソース蒸し
(Recipe P.72)

34
野菜と鮭の粕汁
(Recipe P73)

size_M color_grand blue

33
たらと里いもとレタスの豆鼓ソース蒸し

豆を発酵させた濃厚な豆鼓を、淡泊なたらとレタスに合わせています。
野菜の水分で蒸し煮にすれば、レタスもたっぷりいただけます。

材料（Mサイズ1台分）
たら…2切れ
里いも…大3個
レタス…10枚
長ねぎ…適量

豆鼓ソース
| 豆鼓（たたく）…大さじ1
| にんにく（すりおろし）…½かけ
| 梅干し（ペースト状）…小さじ1
| オイスターソース、砂糖、ごま油
| …各小さじ1
| 酒…大さじ1

下準備
・たらに塩少々（分量外）を振り、水気を拭く。
・里いもは洗い、水がついたままラップで包み、電子レンジで3〜4分加熱する。粗熱が取れたら皮をむき、一口大に切る。
・長ねぎは4cm長さに切って縦に切り目を入れ、中の芯を取り出す。外側だけを重ね、端からごく細く切っていく。水に10分さらし、水気を切っておく。

つくり方
❶鍋にレタスを敷き詰める。
❷里いもを並べ、たらをのせる。
❸混ぜ合わせた豆鼓ソースを散らす。
❹ふたをして中火にかけ、蒸気がまわったら弱火で10分蒸す。
❺白髪ねぎをのせる。

size_M color_black

34
野菜と鮭の粕汁

たっぷりの野菜と鮭を入れた、具だくさんの和風スープ。
酒粕入りで体の芯から温まる、冬の日のごちそうです。

材料（Mサイズ1台分）
鮭…2切れ
大根…150g
にんじん…60g
油揚げ…1枚
こんにゃく…½枚
酒粕…100g
白味噌…大さじ2½〜3
塩…小さじ½
だし汁…3〜3½カップ
青ねぎ…適量

下準備
・鮭は塩少々（分量外）を振って水気を拭き、皮を中心に熱湯をかけて霜降りしておく。
・こんにゃくは湯通ししておく。

つくり方
❶ 大根、にんじんは皮をむき、こんにゃくと一緒に3cm長さの拍子切りにする。油揚げは大きさをそろえて細切りにする。青ねぎは小口切りにする。
❷ 鍋にだし汁を入れて中火にかけ、鮭、大根、にんじん、油揚げ、こんにゃくを入れて煮る。
❸ ボウルなどに酒粕、白味噌を入れ、❷のだし汁½カップを取って少しずつ加え、混ぜのばす。鍋に戻し、塩で味を調える。
❹ 青ねぎを散らす。

MEMO
鮭の代わりに、ブリや鶏肉もおすすめです。だし汁はかつおだしを使っています。水約800ccにこんぶ10cm角1枚を30分以上浸し、弱火で沸騰直前まで温めて火を止め、かつおぶしをふたつかみ（20g）入れて、ざるで漉します。

35
ラム肉とドライプルーンのタジン風
(Recipe P.76)

36
生ハムと豚肉の
簡単ロールキャベツ
(Recipe P.77)

size_M color_cherry

35
ラム肉とドライプルーンのタジン風

ラム肉に甘いドライフルーツを合わせる、北アフリカの定番料理。
スパイスとほんのりとした甘みが異国の味わい。クスクスを添えてどうぞ。

材料（Mサイズ1台分）
ラム肉（骨つき）… 4本（350g）
玉ねぎ（薄切り）… 1個
にんじん（大きめの乱切り）… 1本
しょうが（薄切り）… 1かけ
にんにく（みじん切り）… 2かけ
アーモンド（生）… 10粒
プルーン（熱湯をかけておく）… 4〜6個
オレンジ（5mm輪切り）… 2切れ

A
シナモンスティック… ½本
（パウダーなら小さじ½）
コリアンダーシード（つぶす）… 小さじ½

塩、こしょう… 各適量
オリーブ油… 大さじ1
バター… 小さじ1
コリアンダー（好みで）… 適宜

下準備
・ラム肉は塩、こしょう各少々（分量外）を振っておく。
・アーモンドは1〜2分熱湯につけ、水にさらして皮をむき、バターで炒めておく。

つくり方
❶ 鍋にオリーブ油、にんにく、しょうがを入れて中火で熱し、香りを出す。ラム肉を入れて表面を焼きつけ、取り出しておく。
❷ 玉ねぎを入れて弱火でしんなりするまで炒める。
❸ ①のラム肉、にんじん、**A**を入れ、水をひたひたになるまで入れる。オーブンシートで落としぶたをして、ふたをして弱火で40分煮込む。
❹ オレンジを加えてさらに15分煮込み、アーモンド、プルーンを加える。プルーンが温まったら火を止める。塩、こしょうで味を調える。好みでコリアンダーを添える。

size_M color_white

36
生ハムと豚肉の簡単ロールキャベツ

うまみの凝縮された生ハムを使えば、薄切りの豚肉を巻くだけでも手軽においしく。
セージやタイムのハーブを一緒に巻くと、より本格的な味になります。

材料(Mサイズ1台分)
キャベツ…6枚
生ハム…6枚
豚バラ肉またはロース肉（薄切り）…6枚
鶏がらスープの素…小さじ1½
酒または白ワイン…大さじ1
塩、こしょう…各適量
ローリエ（あれば）…適宜
タイム（好みで）…適宜

下準備
・キャベツは1枚ずつゆでて、水気を切っておく。

つくり方
❶キャベツ1枚で、生ハム、豚肉各1枚を巻き、つまようじで留める。6枚巻く。
❷鍋に❶を敷き詰め、水300cc、鶏がらスープの素、酒、あればローリエを入れて、オーブンシートで落としぶたをして弱火で15〜20分煮る。塩、こしょうで味を調える。
❸好みでタイムを添える。

 MEMO
生ハムの塩気があるので、塩は加減してください。

37
韓国風牛すね汁かけごはん
(Recipe P.77)

size_M color_black

37
韓国風牛すね汁かけごはん

牛すね肉にコチュジャンの辛みをきかせて、韓国風に。
ごはんにスープがしみ込んで、体の中から温まります。

材料（Mサイズ1台分）
牛すね肉…200g
大根…150g
長ねぎ…1本
にんにく（つぶす）…1かけ
塩…適量
万能ねぎ（小口切り）、唐辛子、
　すりごま、ごま油（好みで）…適宜

たれ
│ コチュジャン…大さじ1½
│ しょうゆ…大さじ1½
│ 酒…大さじ1
│ にんにく（すりおろし）…1かけ
│ すりごま…小さじ1

炊いたごはん…1合

つくり方
❶牛すね肉は一口大に切る。大根は皮をむき、一口大の乱切りにする。長ねぎは2～3cm長さに切る。
❷鍋にすね肉、ねぎの青いところ、にんにくを入れ、水800ccを加えて火にかける。沸騰したら弱火にし、ふたをしてアクを取りながら1時間ほど煮る。
❸すね肉を取り出し、たれで和える。粗熱が取れたら手で軽く肉を割いて、細かくする。
❹鍋にすね肉（たれごと）、大根、長ねぎを入れ、やわらかくなるまで弱火で20分ほど煮る。塩で味を調える。
❺炊いたごはんを器に盛り、スープをかける。好みで万能ねぎ、唐辛子、すりごまを添え、ごま油をかける。

若山曜子
Yoko Wakayama

料理・菓子研究家。東京外国語大学フランス語学科卒業後パリへ留学。ル・コルドン・ブルーパリ、エコール・フェランディを経て、フランス国家調理師資格(C.A.P)を取得。パリのパティスリーやレストランで研鑽を積み、帰国後はテレビ、雑誌、書籍、料理教室の主宰など幅広く活躍中。著書に、『作っておける前菜、ほうっておけるメイン』(主婦と生活社)、『台湾スイーツレシピブック』(立東舎)、『レモンのお菓子』(マイナビ出版)、『簡単なのにごちそう。焼きっぱなしオーブンレシピ』(宙出版)、『溶かしバターと水で作れる魔法のパイレシピ』(小社刊)ほか多数。
http://tavechao.com/

ストウブ「ごはんココット」レシピ

2016年10月30日　初版発行
2021年9月30日　3刷発行

著　者　若山曜子
発行者　小野寺優
発行所　株式会社河出書房新社
　　　　〒151-0051 東京都渋谷区千駄ヶ谷2-32-2
　　　　電話 03-3404-1201(営業)
　　　　　　 03-3404-8611(編集)
　　　　https://www.kawade.co.jp/

印刷・製本　図書印刷株式会社
Printed in Japan
ISBN978-4-309-28602-0

落丁本・乱丁本はお取り替えいたします。
本書のコピー、スキャン、デジタル化等の無断複製は著作権法上での例外を除き禁じられています。本書を代行業者等の第三者に依頼してスキャンやデジタル化することは、いかなる場合も著作権法違反となります。

＊本書の内容に関するお問い合わせは、お手紙かメール(jitsuyou@kawade.co.jp)にて承ります。恐縮ですが、お電話でのお問い合わせはご遠慮くださいますようお願いいたします。

● STAFF
撮影　新居明子
デザイン　福間優子
スタイリング　佐々木カナコ
調理アシスタント　尾崎史絵、矢崎このみ

● 材料協力
富澤商店　042-776-6488
http://tomiz.com

● 撮影協力
UTUWA　03-6447-0070
http://www.awabees.com/

●「ラ ココット de GOHAN」
[Sサイズ] ブラック、グレー、チェリー、グランブルー、グレナディンレッド、ホワイト、リネン
[Mサイズ] ブラック、グレー、チェリー、グランブルー、グレナディンレッド、ホワイト、リネン
http://www.staub.jp

●お問い合わせ先
ツヴィリング J.A. ヘンケルス ジャパン株式会社
0120-75-7155（お客様相談室）